Piernas, glúteos
y caderas

LIBSA

© 2009, Editorial LIBSA
c/ San Rafael, 4
28108 Alcobendas. Madrid
Tel. (34) 91 657 25 80
Fax (34) 91 657 25 83
e-mail: libsa@libsa.es
www.libsa.es

ISBN: 978-84-662-1628-9

COLABORACIÓN EN TEXTOS: Francisco Díaz Portillo
EDICIÓN: equipo editorial LIBSA
DISEÑO DE CUBIERTA: equipo de diseño LIBSA
MAQUETACIÓN: equipo de maquetación LIBSA
DOCUMENTACIÓN Y FOTOGRAFÍAS: Antonio Beas y archivo LIBSA
ESTILISMO: Celia García-Calvillo Fabián, Óscar, Luisa, Amparo,
Débora, Mª Ángeles y Ruth Arteaga

Los editores agradecen especialmente su colaboración a Ultimate Stack, Antonio Salcedo Nieto,
Felipe Calderón y gimnasio Equilibrium Spa Wellness Mirasierra.

CONTENIDO

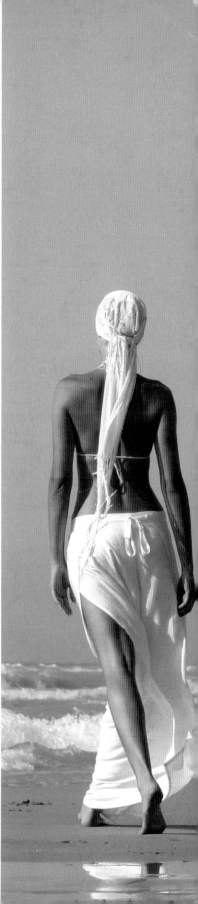

La importancia de unas
buenas piernas

Las piernas son el soporte de nuestro cuerpo; es la parte que más trabajo realiza y mayor tensión soporta. Desde que empezamos a dar nuestros primeros pasos, están en continuo movimiento hasta el final de nuestra vida. Los huesos de las piernas son los más grandes del cuerpo; sus músculos, los más fuertes, y sus articulaciones, las de mayor resistencia. Pensemos por un momento en la maravilla de ingeniería que nos ha dado la naturaleza para soportar todo tipo de avatares, ya sea en nuestra vida cotidiana, haciendo ejercicio o en deportes profesionales; solo es necesario comprobar que en casi todos los deportes se utilizan las piernas como el elemento principal para llevarlos a cabo.

Ese conjunto de huesos, músculos y tendones que constituyen las piernas es el que ha de soportar caminatas, carreras, saltos, flexiones, subidas y bajadas, o estar horas de pie sin movernos. Todo eso es el trabajo que realizamos con nuestras piernas. Como se mencionaba anteriormente, se trata de una estructura compleja y muy fuerte.

Con este manual no se pretende la preparación de unas buenas piernas para un profesional del deporte, sino que proponemos cómo conseguir unas que nos permitan mantener un buen estado de salud y evitar la flacidez muscular, consiguiendo que las fibras musculares tengan una mayor duración.

Las piernas son el motor de nuestra movilidad, por lo que debemos cuidar su funcionalidad en todo momento.

La falta de movilidad y una vida sedentaria influyen negativamente en la estructura muscular, articular y circulatoria. Cuando se tiene flacidez muscular, toda la tensión recae sobre las articulaciones, por lo que las rodillas y los talones sufren, al tiempo que se perjudica la circulación sanguínea, formando las poco deseadas varices (de las que hablaremos más adelante).

RETENCIÓN DE LÍQUIDOS

Es un trastorno metabólico que consiste en la acumulación de agua u otras sustancias en el organismo; frecuentemente se produce en las piernas, creando una hinchazón desde el abdomen hasta los tobillos.

Nuestro organismo está constantemente ajustando los niveles de líquidos que pueden ser producidos por el exceso de sal, alcohol, demasiadas horas sentados y también trastornos hepáticos o renales; todos estos factores pueden desequilibrar nuestro organismo y hacer que los tejidos acumulen líquidos, produciendo la hinchazón de piernas y tobillos, así como algún kilo de más. Estos desajustes los notamos rápidamente porque la piel se tensa y, sobre todo, la ropa nos queda más ajustada.

En otras ocasiones, la retención de líquidos puede deberse a un desajuste hormonal. En este caso, habría que consultar con un médico especialista para evaluar el porqué de ese estado.

Los motivos de la retención de líquidos son muy variados y muchas veces hay que investigar en profundidad para detectar los que no se ven a simple vista. Algunas de las causas más comunes son:

- Mala alimentación y comidas muy condimentadas con exceso de sal.
- Vida sedentaria o trabajos que requieren estar mucho tiempo sentados.
- Problemas hormonales.
- Problemas hepáticos, cardiacos o renales.
- Utilización de medicamentos que retienen gran cantidad de líquidos.
- Problemas genéticos hereditarios.

Si queremos controlar la retención de líquidos, debemos seguir algunas pautas, pero antes de asumir cualquier riesgo conviene consultar con un médico especialista. Una de las cosas que debemos vigilar es que hay que tener mucho cuidado con los productos diuréticos, porque es cierto que sirven para eliminar líquidos, pero pueden tener efectos secundarios perniciosos, como la hipertensión. Por eso es aconsejable tener siempre el consejo profesional de un endocrino. Existen plantas y alimentos que ayudan a la eliminación de líquidos y podemos comprobar su efecto sobre el organismo.

PRODUCTOS NATURALES	EFECTOS SOBRE EL ORGANISMO
ACHICORIA	Actúa sobre el hígado y ayuda a mejorar la insuficiencia hepática responsable muchas veces de la retención de líquidos en el estómago. Por otra parte, las propiedades diuréticas de esta planta estimulan la función renal y hacen que sea adecuada en otras enfermedades que producen retención de líquidos, como la artritis o la gota.
ALCACHOFA	Su contenido en cinarina aumenta la producción de orina.
APIO	Su aceite esencial provoca un efecto diurético en los casos de edemas y retenciones de líquidos.
CEBOLLA	Favorece la eliminación de líquidos corporales, siendo muy adecuada en casos de retención de líquidos por reumatismo, gota e insuficiencia renal.
CEREZO	Estimula la eliminación de orina, por lo que resulta adecuado en aquellos casos en que haya que ayudar a los riñones a aumentar la micción.
DIENTE DE LEÓN	Es una de las plantas con más poder para eliminar agua sobrante y resulta muy útil para deshinchar el organismo en general.

PRODUCTOS NATURALES	EFECTOS SOBRE EL ORGANISMO
FUMARIA	Constituye un remedio eficaz para la eliminación de agua en los tobillos y abdomen producida por una insuficiencia cardiaca.
MANZANA	Ayuda a eliminar los líquidos retenidos en los tejidos.
MELOCOTÓN	Tiene una acción diurética y es rico en potasio, con lo cual resulta muy apropiado para evitar la retención de líquidos.
NÍSPERO	Es una fruta con una gran capacidad diurética y depurativa.
PERA	Aumenta la producción de la orina favoreciendo la eliminación de sal retenida en los tejidos.
PEREJIL	Es uno de los mejores diuréticos gracias a la acción del apiol, que favorece la eliminación de líquidos corporales, siendo muy adecuado en casos de obesidad, enfermedades reumáticas y cardiacas que se asocian con la acumulación de agua en el cuerpo.
SANDÍA	También es una fruta diurética y depurativa.
SAÚCO	Esta corteza tiene un gran valor diurético, por eso se emplea en aquellos casos en los que es necesario eliminar el exceso de agua acumulada en el cuerpo, como en la retención de líquidos o bien si se sufre reumatismo.
UVA	Es una fruta con propiedades diuréticas y alcalinizantes.

Todos estos productos naturales nos pueden venir muy bien para la eliminación de líquidos tomados mediante infusiones o comestibles.

El deporte está considerado como otro gran remedio para evitar la retención de líquidos, ya que favorece la aceleración de la corriente sanguínea y los vasos linfáticos arrastran mejor los líquidos sobrantes.

LAS VARICES

Las varices son dilataciones venosas que se caracterizan por la incapacidad para establecer un retorno eficaz de la sangre al corazón. Son venas subcutáneas dilatadas que han perdido capacidad de mantener el flujo sanguíneo en un solo sentido debido al mal funcionamiento de las válvulas. Esto provoca un estancamiento de la sangre, causando dolor y otro tipo de complicaciones. Estas dilataciones aparecen en forma de pequeñas ramificaciones que en el relieve de la piel se aprecian como filamentos hinchados y telitas de araña. Hay muchos factores que pueden favorecer su aparición: la constitución física, los hábitos de vida, el trabajo que desempeñamos y el clima muy caluroso.

Estos filamentos, denominados varices, causan grandes trastornos, como cansancio de las extremidades inferiores, pesadez, dolores, tobillos y pies hinchados, y pueden favorecer los trombos linfáticos. Además de estos problemas en la salud, las varices resultan poco favorecedoras.

Existen diferentes tipos de varices, según su intensidad y forma de manifestarse pueden clasificarse de la siguiente manera:

- VARICES GRANDES: se manifiestan con fuertes dolores y pueden provocar úlceras y trombosis.
- VARICES MEDIAS: pueden provocar flebitis.
- VARICES PEQUEÑAS: pueden producir una sensación de pesadez y cansancio en los miembros inferiores.

Cada tratamiento dependerá del tipo de varices que se sufra. Entre las soluciones para afrontar la aparición de varices y así tener una mejora en la circulación sanguínea, podemos encontrar:

- Las operaciones varicosas.
- Los masajes linfáticos.
- Los tratamientos con frío.
- Hacer ejercicio para tonificar y fortalecer la musculatura.

Los baños o duchas con cambios de temperatura bruscos son muy propicios para la mejora de la circulación sanguínea. Para ello se aplicarán chorros de agua caliente seguidos de agua fría. La colocación de las piernas en alto también ayuda al retorno de la sangre hacia el corazón. Y los masajes linfáticos, aplicados siempre por especialistas, harán que esa circulación mejore. Y nunca está de más recordar que llevar una vida excesivamente sedentaria favorece los problemas circulatorios.

Cómo vencer la temible
celulitis

La celulitis es una acumulación anormal de grasa en las células adiposas que hace que éstas se agranden y deformen, presionando los vasos sanguíneos y linfáticos de su entorno. Como consecuencia, se produce la retención de líquidos al tiempo que se degeneran las fibras de colágeno.

Esta complicación circulatoria surge por desequilibrios en los tejidos conectivo y adiposo originados por una predisposición genética y hormonal, y se agrava por otros factores, como la alimentación, el estrés, el insomnio y la vida sedentaria. Es de esta forma como van apareciendo las cartucheras (o acumulación de grasa) y la piel adquiere un aspecto acolchado llamado piel de naranja.

Aunque la celulitis se muestra de distintas formas en las mujeres, este fenómeno se puede agrupar en la siguiente clasificación:

CELULITIS DURA

Se suele apreciar en jóvenes con un buen estado físico y, ocasionalmente, entre las personas que practican algún deporte, cuyos tejidos son firmes, bien tonificados y sin edemas, lo que dificulta su localización. Sin embargo, es evidente que por medio de la prueba del pellizco suele aparecer la piel de naranja.

CELULITIS EDEMATOSA

Su efecto se puede apreciar en personas de todas las edades, pero es más frecuente en jóvenes y suele presentarse como piernas gruesas. Se localiza principalmente en los miembros inferiores y presenta el aspecto de la piel de naranja.

CELULITIS FLÁCIDA

Suele afectar a aquellas personas que en su día fueron muy activas, pero que con el paso del tiempo su estilo de vida es más sedentario, llegando a alcanzar la llamada obesidad flácida. También se presenta en aquellas que han sido sometidas a distintos tipos de tratamientos adelgazantes y han subido y bajado de peso bruscamente en repetidas ocasiones.

CELULITIS GENERALIZADA

Aparece exclusivamente en personas obesas, con hábitos de alimentación muy desequilibrados. Puede ir aumentando según se van cumpliendo años si no se remedia antes.

CELULITIS LOCALIZADA

Puede producir sensación aguda de dolor en lugares muy localizados, en zonas donde la circulación puede causar trastornos, como las piernas, el abdomen, las nalgas y los tobillos. Las zonas afectadas pueden sentirse pesadas y acalambradas.

La celulitis no es un fenómeno que afecte exclusivamente a la mujer, aunque se dan más casos en ellas que en los hombres, y tampoco se manifiesta de la misma manera en todas las personas. Podemos citar algunos factores que influyen en el aumento de la celulitis por diversos motivos:

ESTILO DE VIDA

La vida sedentaria, el tabaco, el alcohol y la ropa ajustada son factores que ayudan a la aparición de la celulitis.

FACTORES ALIMENTARIOS

Los malos hábitos en la alimentación pueden provocar una eliminación deficiente de lípidos, prótidos y glúcidos, además de trastornos digestivos que implican una mala expulsión de desechos y toxinas.

FACTORES CONGÉNITOS

Se ha comprobado que las personas con antecedentes familiares de celulitis tienen una mayor predisposición a padecerla. Por ello, puede aparecer celulitis en personas no obesas.

FACTORES HORMONALES

En la mujer son abundantes: pubertad, embarazo, menopausia, etc. El aumento de la actividad estrógena provoca una modificación del reparto y volumen del tejido adiposo que favorece la acumulación de grasa.

FACTORES PSICOLÓGICOS

El cansancio, el nerviosismo, la ansiedad y el estrés favorecen la formación de alteraciones circulatorias ligadas a la aparición de la celulitis.

En esta obra vamos a encontrar un denominador común que afecta mucho a las piernas: la circulación sanguínea.

La buena alimentación es un factor básico para tener un aspecto saludable, para que nuestro cuerpo funcione correctamente y podamos sentirnos a gusto con nosotros mismos. Todo trastorno asociado a la retención de líquidos, mala circulación y la aparición de la temible celulitis tiene siempre un nexo común: la alimentación. Otros factores que pueden afectarnos de forma negativa son diversas enfermedades o la herencia genética. Algunos consejos que debemos seguir para que nuestras piernas estén en forma son:

- Beber mucho líquido.
- Eliminar las grasas saturadas.
- Evitar las comidas con exceso de sodio.
- Comer verduras.
- Comer frutas.
- Comer fibra.
- Hacer ejercicio.
- Masajes.
- Hidroterapia.

La fruta constituye uno de los alimentos más importantes; una dieta equilibrada de frutas, verduras y hortalizas nos garantiza que no habrá carencia de vitaminas y minerales. El agua es uno de sus principales componentes y comer todos los días algún tipo de fruta nos beneficiará para depurar nuestro organismo al tiempo que nos puede servir como diurético. La composición de las frutas es casi de un 80% de agua; en algunas puede incluso sobrepasar ese porcentaje. Lo bueno de la fruta es que se puede comer sin elaboración. Así aprovechamos todos sus nutrientes y propiedades.

Fruta	Propiedades
Aguacate	• Contiene vitamina D, potasio, calcio, fósforo y magnesio. • Combate la dermatitis, las arrugas de la piel y es antiinflamatorio. • Mantiene en buen estado el sistema nervioso. • Evita la formación de colesterol y previene la arterioesclerosis.
Albaricoque	• Es rico en vitaminas A, B1, B2 y C, y constituye una gran fuente de hierro. • Tiene propiedades mineralizadoras y laxantes.
Chirimoya	• Es un excelente diurético, contiene gran cantidad de potasio y vitamina C. • Su contenido en fibra le confiere propiedades laxantes. También reduce las tasas de colesterol en sangre.
Fresa	• Contiene hierro, ácido fólico, ácido salicílico y vitamina C. • Tiene propiedades diuréticas, antirreumáticas y contra el ácido úrico. • Es depurativa y elimina las toxinas del cuerpo.

Fruta	Propiedades
Kiwi	• Contiene vitamina C, calcio, fósforo, magnesio y hierro. • Previene la anemia y beneficia a las personas que llevan a cabo una dieta para perder peso. • Es cicatrizante, aumenta las defensas y sirve para prevenir infecciones.
Limón	• Rico en vitamina C, calcio y potasio. • Es antimigraña, depurativo y diurético.
Mango	• Contiene vitaminas A y C. • Es un complemento perfecto en la dieta diaria gracias a su alto contenido en fibra, que aporta propiedades laxantes y diuréticas.
Manzana	• Contiene vitaminas E y C. • Es rica en fibra y potasio. Actúa como un laxante suave, diurético y depurativo.
Melón	• Contiene vitaminas A y C. • Ayuda a evitar la formación de coágulos en la sangre. • Tiene propiedades diuréticas y evita el estreñimiento.
Naranja	• Contiene vitaminas A, B1, B2, B6 y C; aluminio, calcio, bario, cadmio, cobre, cromo, hierro, magnesio, fósforo, potasio, sodio y cinc. • Se considera a esta fruta como un remedio contra los resfriados.
Papaya	• Contiene vitaminas A y C, complejo B, potasio, magnesio, fibra, ácido fólico y pequeñas cantidades de calcio y hierro. • Ayuda en la expulsión de líquidos y resulta adecuada para dietas de adelgazamiento.
Pera	• Contiene fibra, minerales, como el potasio y el magnesio, vitamina C y ácido fólico. • Tiene acción astringente y es diurética. Es muy útil en dietas para adelgazar.
Piña	• Es rica en fibra y vitamina C. • Es diurética, muy recomendable para quienes padecen gota, artritis y celulitis. • Resulta adecuada para la circulación y combate la hipertensión.
Plátano	• Contiene vitaminas A, B1, B2, B12, C y E; hierro, fibra, calcio, fósforo, magnesio, potasio, cinc, azufre y cloro. • Evita los calambres.
Sandía	• Rica en vitaminas A, B3, B6 y C; manganeso, potasio, fósforo y hierro. • Permite mantener unos niveles estables de azúcar en la sangre, que reducen la sensación de hambre y evitan que comamos otros alimentos menos adecuados. • Disminuye el colesterol.
Uva	• Contiene vitamina B y potasio. • Desintoxicante y laxante.

A continuación se sugiere una dieta de adelgazamiento para dos semanas contra la celulitis. Se puede completar con los siguientes batidos:

BATIDO DIURÉTICO Y ANTICELULÍTICO:
Batir bien tres pepinos pequeños con piel y sin semillas, el zumo de un limón y dos tazas de agua. Sin colar, tomamos dos vasos por la mañana y dos por la tarde.

BATIDO DIURÉTICO Y ANTIFLAMATORIO PARA EVITAR EL ESTREÑIMIENTO:
Lavar bien los trozos de una piña y licuarlos con el jugo de un limón y abundante agua. Lo iremos bebiendo a lo largo del día.

Haremos esta dieta durante dos semanas. Luego comeremos sana y moderadamente durante una semana. A continuación, repetiremos la dieta durante dos semanas más. Aderezaremos las ensaladas con aceite de oliva y limón. También podemos añadir trozos de aguacate y sustituir el café por té, que endulzaremos con azúcar moreno o la sacarina. Tomaremos 12 vasos de agua al día, incluidos uno una hora antes de las comidas y otro después. Si sentimos mareos, beberemos un zumo de naranja natural con zanahoria sin colar para aprovechar la fibra natural.

DIETA CONTRA LA CELULITIS

DÍA 1	• Desayuno: 1 naranja o 1 pomelo o 1 plátano; 1 rebanada de pan integral tostado; 1 taza de café • Almuerzo: Consomé de pollo; ensalada mixta; 1 rebanada de pan integral tostado; 1 taza de café • Cena: Pescado a la plancha o al horno; ensalada mixta; 1 pomelo o 1 naranja
DÍA 2	• Desayuno: 1 naranja o 1 pomelo o 1 plátano; 1 rebanada de pan integral tostado; 1 taza de café • Almuerzo: Macedonia; 1 taza de café • Cena: Bistec a la plancha; brócoli; ensalada de lechuga, pepino, apio y rábano; 1 taza de café

DIETA CONTRA LA CELULITIS (CONTINUACIÓN)

DÍA 3	• Desayuno:
	  1 naranja o 1 pomelo o 1 plátano; 1 rebana de pan integral tostado; 1 taza de café
	• Almuerzo:
	  Ensalada de atún no enlatado o salmón; ensalada de lechuga con limón; 1 naranja o 1 pomelo
	• Cena:
	  Pollo hervido con ensalada de lechuga, tomate, pepino y apio; 1 taza de café

DÍA 4	• Desayuno:
	  1 naranja o 1 pomelo o 1 plátano; 1 rebana de pan integral tostado; 1 taza de café
	• Almuerzo:
	  2 huevos cocidos con queso blanco o requesón y judías verdes; 1 rebanada de pan integral tostado
	• Cena:
	  Pollo horneado o hervido; espinacas; 1 taza de café

DÍA 5	• Desayuno:
	  1 naranja o 1 pomelo o 1 plátano; 1 rebana de pan integral tostado; 1 taza de café
	• Almuerzo:
	  Tortilla de dos huevo con queso y espinacas; 1 manzana verde; 1 taza de café
	• Cena:
	  Pescado hervido; ensalada mixta; 1 rebanada de pan integral

DÍA 6	• Desayuno:
	  1 naranja o 1 pomelo o 1 plátano; 1 rebana de pan integral tostado; 1 taza de café
	• Almuerzo:
	  Macedonia; 1 taza de café
	• Cena:
	  Pollo o pavo horneado; ensalada de tomate y lechuga; 1 pomelo; 1 naranja

DÍA 7	• Desayuno:
	  1 naranja o 1 pomelo o 1 plátano; 1 rebana de pan integral tostado; 1 taza de café
	• Almuerzo:
	  Pollo o pavo horneado o hervido; ensalada de tomate y zanahoria; brócoli o coliflor cocida
	• Cena:
	  Jamón o salmón con ensalada de lechuga, pepino y apio; 1 taza de café

La imprescindible
agua

El agua es el principio de todas las cosas. Está presente en las células del cuerpo y colabora en todas las funciones del organismo. El 75% de nuestro organismo es agua y el planeta está constituido por ella en un 70%. El agua es vital para nuestra subsistencia, ya que nuestro cuerpo tiene que estar constantemente hidratado; sin este grandioso líquido sería imposible la vida, por lo que es importante un consumo adecuado para que nuestro organismo pueda funcionar de manera óptima. El cuerpo humano no almacena el agua, por eso la cantidad que perdemos cada día debe restituirse para garantizar el buen funcionamiento del organismo.

Para que funcione bien nuestro cuerpo, debemos ingerir entre dos y tres litros diarios de agua; un gran porcentaje lo podemos adquirir de los alimentos, como las verduras, las frutas y las hortalizas. Ya sabemos que cuando tenemos sed, debemos beber agua, pero a veces es necesario hacerlo aunque no tengamos ganas; por ejemplo, cuando hacemos deporte, el cuerpo necesita estar hidratado de manera continua, de lo contrario nos puede acarrear problemas de deshidratación.

Cuando el cuerpo empieza a perder tan solo el 1% de líquidos, aparece la sensación de sed; cuando aumenta al 2%, se reduce el rendimiento de la resistencia, y a partir del 5% se produce una aceleración del ritmo cardíaco, apatía, vómitos y espasmos musculares. Las personas no podemos soportar una pérdida de líquido superior al 15%.

Cuando estamos entrenando, mediante el sudor vamos eliminando líquido y sales minerales. Si el ambiente es caluroso la pérdida es más intensa; en estos casos deberíamos tener más controlada la hidratación e incluso mezclar el agua con minerales para recuperar los que se hayan perdido.

Veremos algunas razones por las que es necesario estar bien hidratados:

- Facilita el transporte de los nutrientes por el organismo.
- Regula la temperatura corporal.
- Hace que los riñones funcionen mejor.
- Al beber más agua diluimos mejor los líquidos corporales.
- Previene la formación de cálculos renales.
- Regula el mecanismo de la sed.
- Es una buena hidratación para la piel.

Algunos de los errores más frecuentes proceden de creencias falsas. Por ejemplo, la idea de que si bebemos mucha agua retendremos líquidos y engordaremos es falsa porque nuestro organismo retiene solo lo que necesita para su buen funcionamiento, el resto lo expulsamos por la orina y el sudor. Debemos saber que el agua es un depurador y que va eliminando todos los residuos y toxinas de nuestro organismo.

Otro error muy común es pensar que una sesión de sauna nos hará adelgazar algún kilo; en esta situación lo único que eliminamos es sudor, que posteriormente recuperaremos cuando nuestro organismo pida agua a gritos, para volver al equilibrio perdido a consecuencia del sudor y el exceso de calor.

Ya conocemos la importancia de estar bien hidratados, y solo hay que recordar que debemos beber antes de hacer ejercicio y reponer líquidos mientras dure el entrenamiento. Durante una sesión de una hora, hay que intentar consumir unos 750 mililitros aproximadamente, dependiendo de la temperatura ambiente.

Cómo conseguir unas
piernas bonitas

Lo primero que debemos tener en cuenta para tener unas piernas
bonitas y funcionales es que el deporte es fundamental. No hay nada que
pueda ser un sustitutivo del ejercicio, pues de esta forma nuestro cuerpo
funciona y se mueve con la ayuda de nuestros músculos. Hay otros
complementos que pueden ayudarnos a mejorar estéticamente nuestro
cuerpo, pero nunca nuestro físico. Así que nos tendremos que poner
manos a la obra para mejorar la definición de los músculos de las piernas.

Es muy importante hacer ejercicios aeróbicos, ya que las piernas
son las ejecutoras primarias de los movimientos, por lo que notaremos
muy buenos resultados andando, corriendo, montando en bicicleta o
patinando; estos son algunos de los ejercicios que podemos empezar a
realizar, escogiendo el que más nos guste: será suficiente realizarlo dos
o tres veces por semana.

Para tonificar las piernas existe una gran variedad de ejercicios.
Podemos llevar a cabo trabajos con pesas, lastres y con nuestro propio
cuerpo. Los ejercicios nos reportarán unos beneficios inmediatos, que
notaremos de forma eficaz sobre la musculatura de las piernas: piernas
más ágiles; mayor tono muscular; mayor fuerza; mejor flexibilidad;
equilibrio estético entre piernas y cuerpo y mejor circulación, evitando
la retención de líquidos.

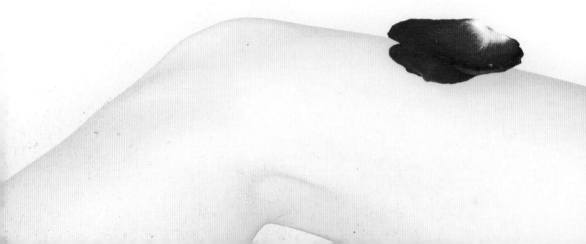

LA SOLUCIÓN A CADA PROBLEMA

En el siguiente cuadro se explica de forma esquemática cuáles son los ejercicios más apropiados para cada tipo de problema en piernas y glúteos:

PROBLEMA	EJERCICIOS MÁS INDICADOS
CARTUCHERAS	• Cualquier ejercicio que hagamos tumbados y hacia el lateral porque así ejercemos presión en la zona donde está acumulada la grasa. • Las elevaciones laterales de piernas, ya sea de pie o arrodillados.
EXCESO DE GRASA	• En general todos los ejercicios de piernas son buenos para sustituir la indeseada grasa por masa muscular.
FLACIDEZ	• Los ejercicios de squat o sentadillas aportan mucha fuerza a los muslos y glúteos, que es donde solemos notar la flacidez o debilidad muscular. • Además de ejercicios concretos, lo mejor que podemos hacer es evitar la vida sedentaria y caminar mucho.
GEMELOS ESTRECHOS	• Cualquiera de los ejercicios específicos para gemelos favorece el aumento del volumen de dicho músculo para lograr unas piernas bien torneadas.
GLÚTEOS GRANDES	• Para evitar que el glúteo o trasero adquiera más volumen tras la práctica física, nunca debemos saltarnos los estiramientos posteriores. Y es preferible hacer los ejercicios sin peso extra (mancuernas o lastres). • Resulta también muy indicado realizar dichos estiramientos aunque no se haya hecho ejercicio antes. Pero sí se debe hacer un ligero calentamiento previo para evitar lesiones.
MUSLOS Y CADERAS ANCHOS	• Normalmente los muslos anchos son provocados por la falta de ejercicio y la consiguiente acumulación de líquidos. Por eso, lo más apropiado es que ejercitemos los músculos ubicados en los muslos: cuádriceps y abductor.
PIERNAS HINCHADAS	• Lo mejor es realizar todos los ejercicios de piernas, glúteos y caderas.
TOBILLOS ANCHOS	• Los más apropiados son los ejercicios en los que estamos tumbados con las piernas hacia arriba porque de esta forma se favorece la activación de la circulación sanguínea desde los tobillos hacia el corazón.
TRASERO CAÍDO	• Con unas sesiones de sentadillas (o squat) y ejercicios de glúteos, como los de lunges, notaremos la tonificación de músculos del trasero.

CONSEJOS ÚTILES

Para conseguir unas piernas hidratadas, firmes y sin ápice de celulitis, en definitiva sanas, debemos seguir estos consejos de una forma rutinaria para que en poco tiempo comprobemos sus efectos:

- Usar tacones de menos de 6 cm de alto para evitar problemas circulatorios.
- Por las noches, humedecer las manos con aceite corporal y masajear suavemente las piernas de abajo arriba.
- El complemento de unas piernas espectaculares son unos pies cuidados y sin callosidades; para ello nos haremos la pedicura.
- La piel de las piernas tiende a resecarse, si están demasiado cubiertas o si nos bañamos con agua muy caliente; podemos contrarrestar esta situación agregando un poco de aceite, que puede ser de oliva o de girasol, en el baño y usando un jabón suave que no irrite la piel; también aplicaremos ligeros masajes con gran cantidad de crema y loción del cuerpo para tener una piel fina y elástica.
- Para dar elasticidad y firmeza a los músculos, pondremos por espacio de cinco minutos las piernas debajo de un chorro de agua fría y masajearemos después con una leche hidratante.
- Otro buen remedio para relajar las piernas después de esa ducha fría y la crema hidratante es tumbarnos y colocarlas en alto.
- Podemos utilizar productos ricos en aceites esenciales, como los que contienen el germen de trigo, el melocotón y el romero. Estos ingredientes surten el mismo efecto que el de una mascarilla facial.
- Para librar las piernas de asperezas y toxinas podemos utilizar una vez por semana un guante exfoliante, y a continuación una leche hidratante después de una ducha.
- Utilizaremos mascarillas de productos naturales para embellecer las piernas.

Existen plantas y extractos vegetales, como alcanfor, mentol, castaño de Indias y limón, entre otros, que estimulan la microcirculación y relajan las piernas. También podemos elaborar una crema casera.

Calentamiento de la
parte inferior

Estos ejercicios se pueden hacer antes de empezar las sesiones de entrenamiento con pesas o si vamos a hacer algún deporte, como correr, patinar, bicicleta, etc. También podemos hacer un calentamiento específico, por ejemplo: si vamos a hacer sentadillas con peso, podemos empezar con un 30% del peso y hacer más repeticiones hasta la entrada en calor. Si vamos a correr, podemos ir trotando haciendo movimientos de piernas elevando las rodillas o haciendo giros de caderas. Y a continuación empezamos con los ejercicios planificados. Las repeticiones que tenemos que realizar para el calentamiento pueden oscilar entre 10 y 20. Si no hemos calentado lo suficiente o hemos padecido alguna lesión recientemente, debemos hacer alguna repetición más.

Anatomía de la parte inferior

ABDUCTOR
CUÁDRICEPS
RODILLA
TIBIAL
SÓLEO

GLÚTEO
BÍCEPS FEMORAL
GEMELO
TOBILLO
TENDÓN DE AQUILES

CUÁDRICEPS

El calentamiento es una parte esencial del entrenamiento y suele durar unos 10 minutos antes del inicio de cada sesión. Ahora veremos el calentamiento para la parte inferior: piernas, caderas y glúteos. Lo haremos con movimientos muy controlados y observando muy bien la biomecánica del movimiento, ya que las piernas reciben una mayor carga que el resto del cuerpo. Por eso muchas personas sufren o padecen problemas de rodillas.

01 SQUAT O SENTADILLAS
Los movimientos debemos ejecutarlos con control, sin balanceos, creando una tensión muscular cada vez que los realizamos.

√ Podemos hacer 10, 15 o 20 repeticiones.

De pie, con las piernas separadas algo más que la anchura de las caderas. Los pies están un poco abiertos.

Flexionamos las rodillas, abriéndolas para trabajar la parte interior de las mismas. Evitaremos los rebotes y bajamos hasta los 90°. Podemos imaginar que detrás tenemos una silla, pero sin llegar a sentarnos.

02 TUMBADO CON LAS PIERNAS EXTENDIDAS HACIA ARRIBA

Al trabajar la extensión hacemos una contracción del cuádriceps y ayudamos a calentar la articulación de la rodilla. Si no podemos realizar el squat o sentadillas, este ejercicio es la alternativa.

√ Podemos hacer 10, 15 o 20 repeticiones.

Boca arriba, flexionamos las rodillas y las elevamos. Mantenemos la parte del cuádriceps en vertical, perpendicular al cuerpo con las piernas juntas.

Extensión de las piernas hacia arriba. El movimiento será suave y sin tirones.

03 ELEVACIÓN DE RODILLA

Consiste en flexionar la rodilla hacia el pecho. Para hacer el movimiento más armonioso al tiempo que la pierna sube, podemos llevar un codo hacia ella. Podemos realizar este movimiento primero con un lado, para después hacerlo con el otro, o bien ir alternando.

√ Podemos hacer 10, 15 o 20 repeticiones.

Nos preparamos en posición vertical, con las piernas separadas el ancho de la cadera y los brazos relajados.

Elevamos las piernas flexionando la rodilla hacia el pecho al tiempo que llevamos el codo hacia ella.

25

04 FLEXIÓN DE RODILLAS ANTEROPOSTERIOR

En este ejercicio el esfuerzo será mayor que en el anterior. Si queremos tener la zona del cuádriceps bien preparada, lo realizaremos para calentar el cuádriceps y el psoas.

√ Podemos hacer 10, 15 o 20 repeticiones.

Piernas separadas, una delante y otra hacia atrás, con una distancia del doble de las caderas aproximadamente.

Bajamos flexionando las rodillas verticalmente, con la espalda recta. Al bajar vamos haciendo bíceps y al subir los estiramos.

CONSEJO...

Si tenemos buena flexibilidad, intentamos estirar las piernas hasta la vertical.

Si tenemos poca flexiblibidad, haremos el recorrido hasta donde podamos.

BÍCEPS FEMORAL o ISQUIOTIBIAL

El bíceps femoral, o parte trasera de la pierna, se calienta con este ejercicio. Al flexionar la pierna hacia atrás, trabajamos la articulación de la rodilla y el isquiotibial.

 01

TALÓN ATRÁS

Podemos hacer el ejercicio primero con una pierna y cambiar, o bien ir alternando. Si las trabajamos de forma alterna, llevaremos un ritmo sincronizado y un balanceo de un lado a otro elevando los talones hacia el glúteo.

√ Podemos hacer 10, 15 o 20 repeticiones.

Colocación con las piernas separadas y ligeramente flexionadas para evitar cargar en exceso la espalda.

Movemos los talones hacia atrás, de una forma fluida y natural.

GEMELOS

Los gemelos son unos músculos muy importantes de nuestro cuerpo, por eso debemos trabajarlos. Un músculo en forma y tonificado puede ser como una bomba de impulsión que haga que la sangre circule con más presión hacia el corazón.

01 ELEVACIÓN DEL TALÓN TRASERO

Haremos este ejercicio con las piernas en posición anteroposterior.

√ Podemos hacer 10, 15 o 20 repeticiones.

El peso estará centrado entre las dos piernas, la espalda derecha y la rodilla delantera algo flexionada.

Elevación del talón trasero. Subimos sin llevar el cuerpo hacia delante. Repetimos primero con un pie y cambiamos.

02 ELEVACIÓN DEL TALÓN CON PIERNAS EN SQUAT

Aquí explicamos otro ejercicio para el calentamiento del gemelo. Con esta posición cargaremos algo más la zona a trabajar.

√ Podemos hacer 10, 15 o 20 repeticiones.

En squat, nos mantenemos con las manos sobre los muslos.

Elevamos el talón sin mover el resto del cuerpo manteniendo la posición inicial.

TIBIAL

El músculo tibial suele pasar desapercibido hasta que un día empezamos a correr y poco después notamos la tensión en la parte delantera de la espinilla.

01 **ELEVACIÓN DEL PIE**
Trabajaremos la parte delantera de la espinilla. La posición incial es la misma que en el ejercicio anterior.

√ Podemos hacer 10, 15 o 20 repeticiones.

Elevamos el pie, intentando no mover demasiado la pierna cada vez que sube.

CADERAS

Las caderas suelen tener un movimiento más limitado en nuestra vida diaria. Por eso conviene dedicarles unos minutos para realizar con ellas un sencillo ejercicio de basculación que les aportará poco a poco una mayor capacidad de movimiento.

01 **BASCULACIÓN LATERAL DE CADERA**
Se trabaja la zona de la cadera, el glúteo y el cuádriceps al hacer la elevación de cada cadera.

√ Podemos hacer 10, 15 o 20 repeticiones.

Piernas separadas y flexionadas, espalda derecha y con las manos en la cintura. Los pies pueden estar abiertos en 45° o permanecer rectos.

Levantar la cadera hacia un lado y cambiar al otro.

Sesión práctica de
piernas

Todas las sesiones de ejercicios están planteadas para hacerlas sin tensión en músculos y articulaciones. De cada ejercicio se realizarán 3 series con 20 y 30 repeticiones en cada una. Si nos decantamos por hacerlos con lastres, deberemos realizar menos repeticiones porque los ejercicios serán más duros.

CUÁDRICEPS

Este músculo es uno de los más fuertes y potentes de nuestro cuerpo. Muchos de los problemas de la rodilla vienen generados por una debilidad muscular del cuádriceps, ya que el peso de nuestro cuerpo lo soporta la rodilla. Deportes como correr, montar en bicicleta, jugar al golf, patinar o esquiar requieren una buena sujeción articular.

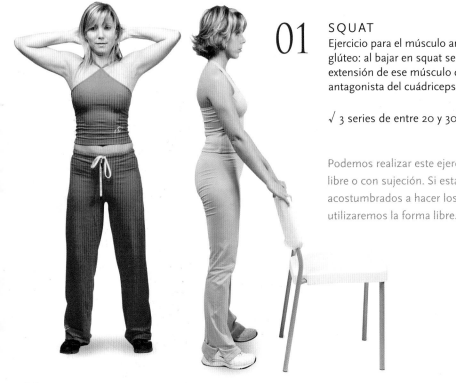

01 SQUAT
Ejercicio para el músculo anterior de la pierna y el glúteo: al bajar en squat se produce una extensión de ese músculo que actúa como antagonista del cuádriceps.

√ 3 series de entre 20 y 30 repeticiones.

Podemos realizar este ejercicio de forma libre o con sujeción. Si estamos acostumbrados a hacer los squat, utilizaremos la forma libre.

Flexión de cadera bajando hasta los 90°. Para mantener el equilibrio del cuerpo, éste deberá ir algo hacia delante y compensar así el esfuerzo de la bajada.

02 SQUAT CON BARRA

Realizamos este ejercicio con la barra bajo la nuca, colocada por detrás sobre los músculos trapecios, evitando colocarla sobre las cervicales. Sujetamos la barra con las manos, sin colgarlas sobre ella.

√ 3 series de entre 20 y 30 repeticiones.

De pie, con las piernas abiertas el ancho de la cadera y la espalda recta.

Nos agachamos doblando las rodillas y con la espalda siempre recta.

03 LUNGES

Este ejercicio es más duro que el anterior, pero si queremos tener unas piernas esbeltas y un trasero bonito y firme, es el más completo para conseguirlo.

√ 3 series de entre 20 y 30 repeticiones.

Con las piernas paralelas a la anchura de los hombros, desplazamos una de ellas hacia atrás la distancia equivalente a la cadera. Mantenemos la pierna delantera flexionada con la tibia vertical, el pie de atrás con el talón elevado y con la punta hacia delante.

Bajamos en vertical controlando que la pierna delantera no lleve la rodilla hacia delante, y la pierna de atrás flexiona la rodilla hasta casi tocar el suelo.

04 LUNGES CON MANCUERNAS

La ejecución se realiza de la misma forma que el ejercicio anterior. Agarramos las mancuernas con ambas manos y dejamos los brazos colgando a los lados.

√ 3 series de 20 repeticiones.

05 LUNGES CON BARRA

Una vez que estamos seguros de nuestro equilibrio y de nuestra técnica de ejecución, debemos colocar la barra tras la nuca sobre el músculo del trapecio.

√ 3 series de entre 20 y 30 repeticiones.

Desplazamiento de una de las piernas hacia delante, con la barra tras la nuca y sujetándola con las manos.

Realizamos la flexión como ya hemos visto y mantenemos el equilibrio durante el movimiento.

CONSEJO...

EJERCICIO MAL EJECUTADO

Cuando no realizamos el ejercicio correctamente, la rodilla está en máxima tensión y se daña la articulación, los tendones y los ligamentos. Este movimiento suele darse cuando, en vez de bajar en vertical, llevamos el peso hacia delante. En ese momento la rodilla va hacia delante y la pierna de atrás no se flexiona y no baja en vertical.

06 ISOMÉTRICO DE CUÁDRICEPS

Esta forma de trabajo no precisa fuerza máxima ni explosiva, pero ejercita otro tipo de funciones. Es muy provechoso como acompañamiento para otros trabajos con pesas.

√ 3 series de entre 20 y 30 repeticiones.

Buscamos una superficie lisa y apoyamos la espalda como si estuviéramos sentados a 90°, con las piernas un poco separadas. Los brazos permanecen cruzados para no apoyarlos en las piernas. Aguantamos un mínimo de 30 segundos. Controlaremos que la tibia esté vertical y el cuádriceps horizontal.

07 TUMBADO CON EXTENSIÓN DE UNA PIERNA

Este ejercicio nos puede ayudar después de alguna lesión en la pierna y así potenciar el cuádriceps.

√ 3 series de 20 repeticiones.

Tumbados boca arriba con la espalda bien apoyada, una pierna estará flexionada con el pie en el suelo, la otra trabajará colocada con el cuádriceps en vertical.

Extensión de la pierna hacia arriba, como si diéramos una patada, haciendo una contracción del cuádriceps.

08 TUMBADO CON EXTENSIÓN DE LAS DOS PIERNAS

Podemos utilizar esta otra variante, que se ejecuta con las dos piernas simultáneamente. Ya lo vimos en el calentamiento, pero ahora le podemos añadir los lastres de 2-3 kg para trabajar un tono normal.

√ 3 series de 20 repeticiones.

Realizamos lo mismo que en el ejercicio de una pierna, pero, al trabajar con las dos, si notamos tensión en la zona lumbar colocamos las manos debajo en forma de cuña.

09 SENTADO CON EXTENSIÓN DE PIERNAS

La extensión desde la posición de sentado se suele realizar en máquinas de extensiones. El peso utilizado dependerá del grado de intensidad que se quiera trabajar. En las piernas podemos llegar a desarrollar mucha fuerza.

√ 3 series de 20 repeticiones.

Nos sentamos con la espalda recta. Podemos utilizar algún sitio más elevado, para que las piernas estén suspendidas al hacer la extensión.

Extensión de la pierna hasta la horizontal con un movimiento controlado, con lo que contraemos el cuádriceps. Mantenemos la pierna estirada durante unos segundos y bajamos. También se puede hacer con apoyo en la pared.

10 TUMBADO CON EXTENSIÓN DE PIERNAS

Este ejercicio hay que realizarlo con acompañante para ejecutar el movimiento con peso. Trabajaremos el cuádriceps y el glúteo con la prensa inclinada.

√ 3 series de entre 20 y 30 repeticiones.

La persona que realiza el ejercicio se tumba boca arriba con la espalda apoyada en el suelo. Las piernas estarán extendidas y elevadas para que el acompañante se coloque encima de las plantas del pie.

La persona tumbada en el suelo va bajando de forma suave flexionando las piernas. Mientras tanto el acompañante que presiona se deja llevar hacia abajo.

Las rodillas se flexionan hasta llegar al pecho, realizando a continuación la extensión suavemente.

BÍCEPS FEMORAL

El bíceps femoral es el antagonista del cuádriceps. Este músculo está compuesto por dos partes: la porción larga y la porción corta del bíceps femoral.

01 PESO MUERTO

Este ejercicio también podemos realizarlo para la espalda. Dependiendo de la distancia que bajemos, notaremos más sus efectos en una zona que en otra. Lo realizamos casi llegando al suelo con las piernas semiflexionadas.

√ 3 series de 20 repeticiones.

De pie con las piernas separadas el ancho de los hombros, sujetamos la barra en equilibrio con los hombros hacia abajo y relajados, y la espalda recta.

Al bajar mantenemos la barra lo más cerca posible de nuestras piernas; de esta manera mantenemos el centro de gravedad cerca de nosotros.

La barra casi llega a tocar el suelo. Hay personas con mucha flexibilidad que pueden bajar hasta el final, pero lo aconsejable es llegar a un punto intermedio.

CONSEJO...

Es importante mantener la espalda
con el ángulo que marca la secuencia
gráfica para proteger dicha zona.

02 FLEXIÓN DE PIERNAS O CURL TUMBADO

Para este ejercicio también existe una máquina que trabaja el femoral tumbado boca
abajo, pero lo haremos con los lastres, utilizando el que más peso tenga.

√ 3 series de 20 repeticiones.

Tumbados boca abajo con el cuerpo bien
apoyado y las piernas estiradas
(evitaremos subir la cabeza y los hombros,
para no forzar la zona lumbar).

Si hacemos el arco de
movimiento amplio,
tendremos una mayor
contracción muscular.

Flexionamos las piernas hacia atrás,
provocando la contracción del
cuádriceps.

03 FLEXIÓN DE PIERNAS O CURL TUMBADO CON RESISTENCIA

Para este ejercicio necesitaremos un ayudante. Es como el ejercicio anterior pero con resistencia o presión sobre los talones.

√ 3 series de entre 20 y 30 repeticiones.

Nos colocamos tumbados boca abajo en el suelo. El ayudante se coloca por encima sin llegar a sentarse, agarrando los talones y ofreciendo una resistencia mantenida.

El ejecutante irá flexionando las piernas hacia atrás intentando vencer la resistencia que opone el ayudante. A medida que hace el movimiento concéntrico, el ayudante va hacia atrás flexionando los brazos.

CONSEJO...

Flexión de los brazos al tiempo que se flexionan las piernas.

Sujeción de los talones.

ABDUCTORES

Los abductores son los músculos de la parte interna de la pierna. Nos permiten la abducción, es decir, el movimiento en el que la parte inferior de la pierna se acerca al plano medio y nos ayudan a cerrar las piernas.

01 SQUAT CON PIERNAS SEPARADAS
Este ejercicio ya lo hemos visto en el capítulo de cuádriceps. En este caso lo que haremos es separar más las piernas para conseguir trabajar el abductor.

√ 3 series de entre 20 y 30 repeticiones.

De pie con las piernas relajadas y separadas el doble de la anchura de los hombros, los pies abiertos unos 45° y la espalda recta.

Flexionamos las piernas y vamos bajando, hasta que las rodillas llegan a los 90°, al tiempo que las piernas se van abriendo. Debemos mantener la espalda recta y vertical.

02 ABDUCCIÓN LATERAL EN SUELO

Con la realización de este ejercicio conseguiremos aislar el músculo abductor para poder trabajarlo más.

√ 3 series de entre 20 y 30 repeticiones.

Nos tumbamos en posición lateral, pasamos la pierna de arriba por delante, manteniendo el equilibrio del cuerpo con el apoyo de la mano del brazo que tenemos por arriba.

Elevamos 20 cm la pierna estirada que tenemos por debajo haciendo la abducción.

03 ABDUCCIÓN CON LASTRES

El mismo ejercicio lo podemos realizar con peso, mediante unos lastres ajustados al tobillo. Las repeticiones serán menores que el mismo ejercicio sin los lastres.

√ 3 series de 20 repeticiones.

04 VARIACIÓN DE LA ABDUCCIÓN

Colocamos la pierna por detrás, sin perder el equilibrio e irnos hacia atrás. El ejercicio es igual al anterior, pero con algo más de recorrido hacia arriba.

√ 3 series de entre 20 y 30 repeticiones.

CONSEJO...

Se debe evitar colocar la cabeza elevada sobre la mano. Las cervicales están en torsión y no en línea con la espalda, creando aún mas tensión en el cuello.

Colocación en línea del cuerpo. Podemos poner una pequeña almohada si notamos molestias en las cervicales.

05 FLEXIÓN DE RODILLA LATERAL

Vamos a trabajar un movimiento biarticular para el abductor. Con este movimiento requeriremos la participación de otros músculos alrededor de la parte interna.

√ 3 series de entre 20 y 30 repeticiones.

En posición lateral, la pierna de arriba va por detrás y el brazo por delante. Mantenemos el equilibrio.

Flexionamos la pierna de delante hasta que llegue al brazo de apoyo y la mantenemos en paralelo con el suelo.

CONSEJO...

Movimiento con lastres. Debemos reducir el número de repeticiones, así como la velocidad de las mismas si trabajamos con lastres.

06 ABDUCCIÓN CON RESISTENCIA

En este ejercicio simularemos con un compañero el movimiento de la máquina de abductores.

√ 3 series de entre 20 y 30 repeticiones.

Nos tumbamos boca arriba con la espalda bien apoyada, las piernas flexionadas y abiertas. El compañero coloca sus manos sobre nuestras rodillas en la parte interior ofreciendo resistencia mientras cerramos las piernas.

Tras vencer la resistencia, cerramos las piernas. La presión del compañero será la misma tanto al cerrar como al abrir en la relajación.

GEMELOS

Músculo trasero de la parte baja de la pierna. Este músculo se compone de dos partes, gemelo interno y gemelo externo, además del soleo, el músculo lateral. El gemelo desarrollado puede ser hereditario o bien ha crecido a base de hacer deporte y se ha agrandado para adaptarse al esfuerzo.

01 ELEVACIÓN DE TALONES

Al hacer el movimiento de elevación de talones desde el suelo manteniendo la espalda recta trabajaremos los músculos gemelo interno y externo.

√ 3 series de entre 20 y 30 repeticiones.

Colocados de pie, con las piernas juntas y la espalda recta.

Elevación en vertical de los dos talones. Al subir no debemos llevar las rodillas hacia delante ni hacer el movimiento con velocidad.

02 ELEVACIÓN DEL TALÓN DE UNA PIERNA

Tendremos todo el peso sobre una pierna, de esta forma el trabajo será mayor y el músculo tendrá que esforzarse más.

√ 3 series de entre 20 y 30 repeticiones.

CONSEJO...

Colocación del pie por detrás

De pie y con una pierna por detrás de la que va a trabajar. Nos sujetamos para mantener el equilibrio.

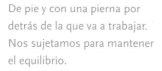

Elevamos el talón subiendo en vertical, evitando llevar la rodilla hacia delante.

03 ELEVACIÓN DE TALONES SENTADO

Este ejercicio es algo mas cómodo, ya que lo realizamos sentados; de esta forma podemos quitar tensión en la espalda o las rodillas. Pero tenemos que colocar más peso encima de nuestras piernas o realizar más repeticiones para poder notar los efectos del ejercicio.

√ 3 series de 20 repeticiones.

Nos sentamos en una silla con el cuerpo bien alineado y la espalda recta formando una L con las piernas. Colocaremos el peso sobre nuestras piernas.

Elevamos los talones manteniendo todo el peso encima de las piernas.

CONSEJO...

Elevación de talones. Procuraremos elevar en vertical los dos talones, sin llevar las rodillas hacia delante.

Sesión práctica de
glúteos y caderas

Trabajaremos la parte de los glúteos y su abducción, ya que son los músculos implicados en la elevación de la pierna. Estos ejercicios son los más requeridos por las mujeres, aunque los hombres también deberían ejercitarlos. Por genética, el hombre padece menos problemas en las piernas que las mujeres, pero un factor a tener en cuenta es la estabilidad muscular de las mismas.

GLÚTEOS

En este apartado trabajaremos con glúteo mayor, glúteo medio, glúteo menor, tensor de la fascia lata, bíceps crural, vasto externo, entre otros. Para definirlos, utilizaremos lastres, mancuernas y el propio cuerpo.

01 LUNGES
Con este ejercicio trabajamos tanto con los abductores como los glúteos.

√ 3 series de entre 20 y 30 repeticiones.

Son las mismas indicaciones que en el apartado de ejercicios del cuádriceps sobre los lunges (3, 4 y 5).

CONSEJO...

Colocación de las manos. Con una podemos sujetarnos para mantener el equilibrio, mientras la otra permanece en la cintura.

02 ELEVACIÓN LATERAL DE LA PIERNA DE PIE

Abducción de la cadera en la posición de pie. Con este ejercicio trabajaremos el glúteo medio y el glúteo menor, que está algo más profundo.

√ 3 series de entre 20 y 30 repeticiones.

De pie, la pierna de apoyo semiflexionada, la pierna que vamos a trabajar estirada hacia el lateral tocando con la punta del pie el suelo y la espalda recta.

Elevamos lateralmente la pierna y mantenemos la espalda recta. Las repeticiones al subir y al bajar deben de terminar igual, teniendo cuidado de no golpear el suelo en el descenso.

03 ELEVACIÓN LATERAL CON LASTRES

Hacemos el ejercicio anterior, pero trabajando con lastres. Las repeticiones, por tanto, serán menores que sin los pesos.

√ 3 series de 20 repeticiones.

Con la pierna de apoyo semiflexionada y la espalda recta, elevamos la pierna hacia el lateral y en la bajada tocamos el suelo.

49

04

ELEVACIÓN TRASERA DE LA PIERNA DE PIE

Con este movimiento hacia atrás de la pierna, obligaremos a trabajar a otros músculos, como el glúteo mayor, los isquiotibiales y la zona media, como el abdomen y los oblicuos.

√ 3 series de entre 20 y 30 repeticiones.

Es recomendable estar sobre un punto de apoyo para ejecutar mejor el ejercicio. El cuerpo estará derecho con la rodilla de apoyo semiflexionada. Colocaremos la pierna que va a realizar el trabajo por detrás con el pie girado hacia fuera.

CONSEJO...

Si usamos lastres, mantendremos la pierna de apoyo con la flexión inicial, evitaremos la basculación de la zona pélvica y contraeremos el abdomen.

Elevación trasera de la pierna. Mantenemos durante el recorrido el pie girado hacia fuera para contraer más el glúteo.

05 FLEXIÓN DE LAS RODILLAS DE PIE

En la flexión de la pierna vamos a trabajar el glúteo medio, el mayor y parte del cuádriceps al elevarla.

√ 3 series de 20 repeticiones.

De pie, la pierna de apoyo semiflexionada y la otra pierna a un lado.

Desde el lateral elevamos flexionando la rodilla hasta los 90°. Al bajar, llevamos ligeramente la pierna hacia atrás y apretamos el glúteo.

06 ELEVACIÓN LATERAL DE RODILLAS

Aquí tenemos una variación del ejercicio de elevación lateral de pie. En este caso lo realizaremos de rodillas con una pierna estirada al lateral.

√ 3 series de entre 20 y 30 repeticiones.

De rodillas, estiramos lateralmente la pierna con la que vamos a trabajar. Con la pierna de apoyo en vertical, mantenemos el equilibrio con un brazo sujetándonos en el suelo y la otra mano sobre la cadera.

Elevación de la pierna lateral. La espalda y la pierna deben mantener la lateralidad.

07 ELEVACIÓN DE LA PIERNA TRASERA DE RODILLAS

Con este ejercicio trabajaremos el glúteo mayor y los isquiotibiales, realizando más arco de movimiento y con más esfuerzo por la gravedad que en el ejercicio anterior.

√ 3 series de entre 20 y 30 repeticiones.

De rodillas, una pierna doblada, la otra estirada con la punta del pie tocando el suelo. Los brazos están flexionados y paralelos entre sí. La espalda estará recta y la zona lumbar protegida haciendo una contracción abdominal.

Elevación de la pierna con contracción del glúteo. Intentamos aislar el músculo que estamos trabajando, contrayendo el abdomen y evitando que la zona lumbar bascule.

CONSEJO...

Posición incorrecta

Posición correcta

Antes de ponernos en la posición de trabajo nos vamos colocando de rodillas. Con los brazos flexionados hacemos una contracción abdominal para proteger la zona lumbar.

08 PATADA TRASERA EN POSICIÓN DE RODILLAS

La patada trasera se realiza con un mayor arco de movimiento que en el ejercicio anterior, por lo que podemos decir que la intensidad es mayor y por eso necesitamos la participación del glúteo mayor.

√ 3 series de entre 20 y 30 repeticiones.

Desde la posición de rodillas con los codos flexionados y los puños sobrepuestos, ponemos la cabeza apoyada sobre ellos para evitar la tensión cervical.

Estiramos la pierna hacia atrás como una patada. Durante el recorrido mantendremos el abdomen contraído.

La pierna, al llegar a su movimiento final, ha de quedar en la línea de la espalda con una inclinación de 45°. Al estirarla del todo debemos hacer una contracción del glúteo.

CONSEJO...

Evitaremos llevar la pierna demasiado arriba en el movimiento final, para no sobrecargar la zona lumbar y lesionarnos.

09 PATADA TRASERA CONCENTRADA EN POSICIÓN DE RODILLAS

También se puede llamar contracciones de patada trasera. El calificativo de concentrado se refiere a que el arco de movimiento es nulo y solo realizaremos pequeños empujes hacia arriba.

√ 3 series de 20 repeticiones.

Con la pierna ya flexionada y elevada, haremos pequeños empujes muy seguidos hacia arriba; el recorrido de la pierna ha de ser escaso, y el movimiento de subir y bajar apenas será entre 5-10 cm.

Ejemplo práctico con un recorrido muy corto, que aumentaremos progresivamente.

10

ABDUCCIÓN LATERAL DE LA PIERNA EN EL SUELO

En la mayoría de ellos trabajaremos el glúteo medio y el pequeño introduciendo variantes de las posiciones de las piernas para poder implicar también al glúteo mayor.

√ 3 series de entre 20 y 30 repeticiones.

Nos tumbamos en lateral con las piernas juntas y un poco flexionadas. El brazo de abajo estará estirado en línea con el cuerpo; el brazo de arriba lo utilizaremos para mantener el equilibrio.

Elevación
lateral de la pierna.
Podemos combinar este ejercicio de diferentes
formas: aperturas medias, aperturas largas, repeticiones cortas e isométricas.

CONSEJO...

Si usamos lastres de tobillera, haremos un mayor esfuerzo.

CONSEJO...

Evitaremos la colocación de la cabeza elevada sobre la mano o suspendida sin apoyo. Esta posición puede crear tensión en el cuello.

Elevación media

Elevación alta

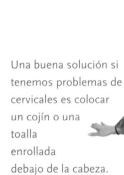

Si en lugar de apoyar el antebrazo en el suelo estamos con la mano apoyada, el cuerpo se puede vencer hacia atrás, perder la lateralidad y no trabajar el glúteo correctamente.

Una buena solución si tenemos problemas de cervicales es colocar un cojín o una toalla enrollada debajo de la cabeza.

11 ABDUCCIÓN LATERAL (variante)

Colocamos una mancuerna encima de la pierna lo más alejada posible de nuestro centro de gravedad; cuanto más alejada esté la pesa, más nos costará subir la pierna y mejor tonificaremos el glúteo.

√ 3 series de 20 repeticiones.

Posición inicial

Al elevar la pierna, la pesa debe seguir lo más alejada posible del centro de gravedad.

12 FLEXIÓN DE RODILLA AL PECHO

En este ejercicio participa todo el glúteo, porque al hacer la flexión realizamos una extensión completa.

√ 3 series de entre 20 y 30 repeticiones.

Colocación lateral con la pierna partiendo de la posición elevada para crear una tensión extra al ejercicio.

Desplazamiento de la rodilla flexionándola hacia el pecho. Haremos un recorrido descendente al doblar y ascendente al estirar la pierna.

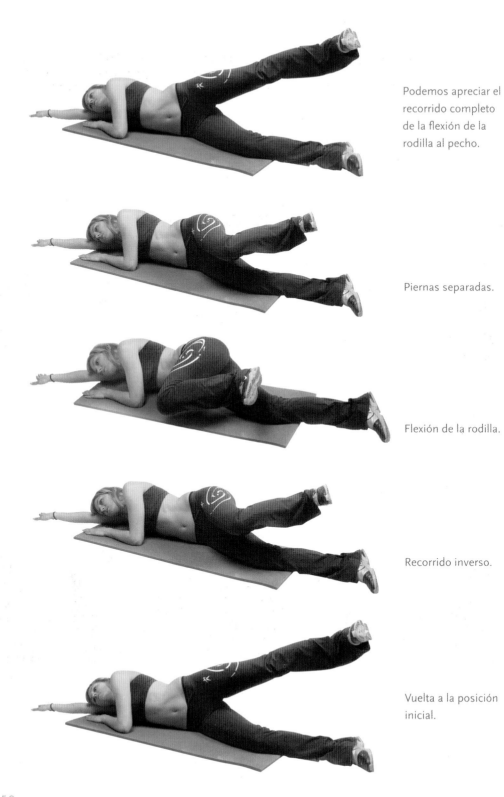

Podemos apreciar el recorrido completo de la flexión de la rodilla al pecho.

Piernas separadas.

Flexión de la rodilla.

Recorrido inverso.

Vuelta a la posición inicial.

13 GIROS DE PIERNA

En el siguiente ejercicio realizamos giros con la pierna, describiendo círculos con el pie. Ambas secuencias se trabajarán seguidas, haciendo una serie de 20 giros en un sentido y las mismas repeticiones en el otro sentido sin descanso y cambiando de pierna.

√ 3 series de entre 20 y 30 repeticiones.

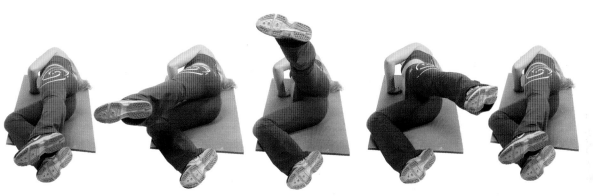

Tumbados lateralmente con la pierna de abajo semiflexionada y la pierna de arriba un poco elevada. Podemos apreciar en esta secuencia el trazo del círculo girando de delante hacia atrás.

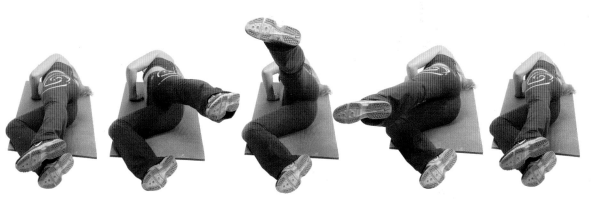

En esta secuencia el giro es al contrario, de atrás hacia delante.

14 ABDUCCIÓN LATERAL DE LA PIERNA (variante 1)

Veremos tres formas diferentes de realizar este ejercicio, pero en su conjunto es uno solo, ya que se harán seguidos sin pausa entre ellos.

√ 3 series de entre 20
y 30 repeticiones.

Tumbados lateralmente, la pierna de arriba está situada por delante haciendo una rotación de cadera, la punta del pie toca el suelo y el talón está girado hacia arriba.

Elevación de la pierna manteniendo la cadera girada. Notaremos cómo se contrae más el glúteo.

15 ABDUCCIÓN LATERAL DE LA PIERNA (variante 2)

En este movimiento giramos aún más la pierna y notamos la tensión en el glúteo.

Colocación de la pierna por detrás con el pie girado. La separación entre las piernas debe ser aproximadamente el ancho de la cadera.

Abducción de la pierna tirando del talón.

16 ABDUCCIÓN LATERAL DE LA PIERNA (variante 3)

Juntamos los dos ejercicios anteriores y realizamos un arco llevando la pierna de delante hacia atrás y de atrás hacia delante.

√ 20 repeticiones por delante, 20 por detrás y, finalizando, 10 repeticiones delante y atrás.

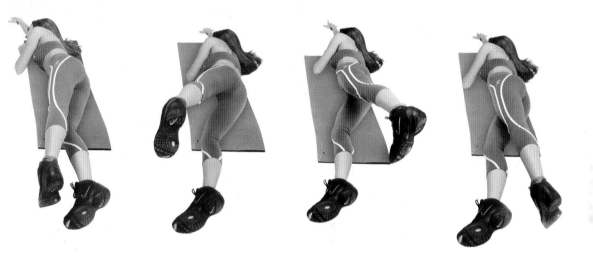

17 ABDUCCIÓN DE CADERA EN EL SUELO CON PIERNAS FLEXIONADAS (variante 1)

Tenemos otra secuencia de tres ejercicios diferentes con la misma posición. También realizaremos unas 20 o 30 repeticiones del primero, pasaremos al segundo y finalizamos con el tercero.

√ 3 series de entre 20 y 30 repeticiones.

Nos tumbamos lateralmente con las rodillas flexionadas en ángulo recto, la espalda recta, la cabeza apoyada en el brazo alargado y el otro como estabilizador apoyando el antebrazo.

La pierna de arriba se abre paralela a la de abajo, recordando siempre que los movimientos han de ser controlados.

CONSEJO...

La apertura, como en cualquier otro ejercicio que requiera un arco de movimiento, dependerá de la flexibilidad y elasticidad de cada persona. Al abrir, notaremos un tope natural, porque las articulaciones tienen un límite de movilidad además de la elasticidad de cada persona. Nunca debemos forzar más de lo necesario porque podríamos dañar la cavidad articular. Otro aspecto que debemos tener en cuenta cuando llevamos la pierna a su punto inicial es que no debemos dejar que descanse sobre la base, pues perderíamos la tensión creada.

18 ABDUCCIÓN CON MANCUERNA (variante 2)

Repetimos el ejercicio con una mancuerna encima de la rodilla, aunque reduciremos el número de repeticiones. Si pasamos al siguiente ejercicio, dejaremos la mancuerna y continuaremos con la variante 3.

√ 3 series de entre 20 y 30 repeticiones.

19 EXTENSIÓN DE LA PIERNA (variante 3)

Mantenemos la pierna de arriba separada de la de abajo el ancho de la cadera para empezar el ejercicio.

Al estirar la pierna debemos intentar que esté en línea con la espalda, al tiempo que apretamos el glúteo.

20 ABDUCCIÓN CON LA PIERNA ESTIRADA (variante 4)

Este ejercicio es igual que el ejercicio nº 10 de abducción lateral, con la variante de que en este caso la pierna de abajo está flexionada dejando más espacio, y la pierna que realiza la abducción ha de hacer más recorrido con menos equilibrio.

√ 3 series de entre 20 y 30 repeticiones.

Mantenemos la misma postura que en las anteriores, con la pierna de arriba estirada, e línea con la espalda y partiendo desde abajo

Abducción lateral de pierna.

21 ABDUCCIÓN CON LAS PIERNAS EN ÁNGULO

Ejercicio para la tonificación de la cadera. Esta es una posición más forzada que las anteriores por la forma de colocar las piernas en ángulo.

√ 3 series de entre 20 y 30 repeticiones.

Colocación lateral con las piernas formando una L en ángulo al cuerpo y las rodillas ligeramente flexionadas.

Podemos realizar la abducción de la pierna en ángulo de varias formas: elevaciones medias o elevaciones largas, e incluso podemos compaginar ambas, realizando las primeras 20 largas y las siguientes 20 cortas.

CONSEJO...

Podemos trabajar con lastres en la pierna. El trabajo será mayor y la tonificación del músculo aumentará. En este caso, el número de repeticiones será menor.

22 FLEXIÓN DE RODILLA AL PECHO CON LAS PIERNAS EN ÁNGULO

Excelente ejercicio para la cadera y el glúteo mayor. Al realizar la flexión hacia el pecho en esta posición, el glúteo sufre una extensión máxima garantizando un trabajo óptimo.

√ 3 series de entre 20 y 30 repeticiones.

Colocamos el cuerpo formando una L y separamos las piernas aproximadamente el ancho de la cadera.

No es necesario que toquemos el pecho con la rodilla, basta con llegar al brazo que está sujetando el tronco.

CONSEJO...

Trayectoria correcta de la pierna hacia el pecho: con una ligera flexión notaremos los resultados.

Movimiento incorrecto. Al realizar este ejercicio se suele cometer el error de llevar el talón de la pierna flexionada hacia atrás.

23 ROTACIÓN DE LA CADERA CON LAS PIERNAS EN ÁNGULO

Ejercicio complementario a los dos anteriores. Haremos series dobles, triples... de 20 elevaciones, 20 flexiones y 20 giros de cadera.

CONSEJO...

Cuerpo en ángulo con la pierna de arriba semiflexionada y separada de la pierna de abajo.

Hacemos una rotación de cadera elevando la rodilla. El pie no se debe mover, es un giro de cadera subiendo y bajando la rodilla.

Secuencia de la rodilla al subir y bajar. El pie permanecerá fijo.

24 ROTACIÓN DE LA CADERA CON LAS PIERNAS FLEXIONADAS
Variante del ejercicio anterior, con un punto de apoyo.

√ 3 series de entre 20 y 30
repeticiones.

Tumbados lateralmente con las
rodillas flexionadas hacia el pecho.
Elevamos los dos talones y los dejamos fijos arriba.

Abrimos y cerramos
la pierna de arriba
sin separar los
talones.

CONSEJO...

Secuencia del giro de cadera.
Mantenemos la parte superior de la pierna de abajo
pegada en el suelo durante todo el ejercicio.

25 TUMBADO BOCA ABAJO, ELEVACIÓN TRASERA DE LA PIERNA

Ejercicio para el glúteo mayor e isquiotibial.

√ 3 series de 20 repeticiones.

Boca abajo, con las piernas estiradas, las manos colocadas debajo de la barbilla y la cabeza apoyada en ellas.

Subimos la pierna estirada, sin intentar flexionarla porque crearíamos tensión en la zona lumbar. Hemos de notar cómo el glúteo se contrae en la elevación.

CONSEJO...

Posición incorrecta

Posición correcta

No elevamos la cabeza durante el ejercicio porque cargaríamos de tensión innecesariamente a la espalda.

Estiramientos de la
parte inferior

Una vez trabajado todo el tren inferior pasaremos a realizar los estiramientos, para que a través de estos ejercicios consigamos un mejor arco de movilidad, evitemos el estrés de las articulaciones, las contracturas, los calambres y, sobre todo, que al final de la sesión consigamos sentirnos bien.

Los estiramientos se deben hacer durante 15-20 segundos manteniendo la tensión, pero sin llegar nunca al dolor muscular.

CUÁDRICEPS

La elongación de este músculo ubicado en la parte anterior del muslo después del ejercicio es fundamental para relajarlo y evitar que adquiera un volumen excesivo.

01 ESTIRAMIENTO DE CUÁDRICEPS

Sujetamos el empeine llevando el talón lo más pegado posible al glúteo, mientras que la pierna flexionada ha de estar en línea con el cuerpo.

√ Mantener la postura 15-20 segundos.

Este estiramiento también se puede realizar en el suelo, tumbados lateralmente o boca abajo. Llevamos el talón hacia el glúteo sujetándolo por el empeine y mantenemos la pierna que estamos estirando junto a la otra pierna.

02 CUÁDRICEPS Y PSOAS DE RODILLAS

Nos colocamos con una pierna flexionada y con la que vamos a efectuar el estiramiento desplazada hacia atrás lo más estirada posible. La pierna delantera está flexionada, manteniendo la tibia en vertical para evitar sobrecargar la articulación de la rodilla.

√ Mantener la postura 15-20 segundos.

Mantener la espalda recta y empujar la cadera.

03 CUÁDRICEPS Y PSOAS DE PIE

Este ejercicio es una variante del anterior, pero sin llegar a bajar. Colocamos las piernas en anteroposterior y flexionamos las rodillas, bajamos la pierna de atrás en vertical y hacemos una basculación de la cadera.

√ Mantener la postura 15-20 segundos.

Flexionamos la pierna trasera empujando con la cadera hacia delante parar estirar bien.

04 CUÁDRICEPS Y CADERA

Es un excelente ejercicio para mejorar la flexibilidad de la cadera al tiempo que estiramos el músculo cuádriceps. Flexionamos una pierna sin llevar la rodilla hacia delante y la otra pierna hacia atrás sin tocar el suelo con la rodilla.

√ Mantener la postura 15-20 segundos.

Para notar bien el efecto desplazamos la pierna estirada hacia atrás.

BÍCEPS FEMORAL

Al estirar este músculo de la parte posterior del muslo también estiramos los gemelos.

01 SENTADO EN EL SUELO CON PIERNAS JUNTAS Y ESTIRADAS

Sentados y con las dos piernas extendidas, debemos bajar el pecho hacia las piernas intentando mantener la espalda recta.

√ Mantener la postura 15-20 segundos.

Colocación normal

Sujeción con la toalla

CONSEJO...

Incorrecto. La cabeza no debe bajar para no forzar las cervicales.

02 ESTIRAMIENTO DE UNA PIERNA TUMBADO

Tumbados, estiramos una pierna y mantenemos la otra flexionada. Sujetamos la pierna estirada con las dos manos; si nos resultara difícil llegar, usamos una toalla para conseguirlo. Llevamos la pierna hacia nosotros manteniéndola lo más recta posible.

√ Mantener la postura 15-20 segundos.

Colocación normal

Sujeción con la toalla

03 ESTIRAMIENTO DE UNA PIERNA DESDE LA POSICIÓN DE RODILLAS

Estiramos la parte posterior de la pierna. Una pierna de rodillas y la otra estirada al frente con el talón clavado en el suelo, sujetamos el pie tirando hacia nosotros y echando el peso del cuerpo sobre la pierna estirada.

√ Mantener la postura 15-20 segundos.

04 ESTIRAMIENTO ENCIMA DEL BALÓN

Nos sentamos sobre el balón con las piernas juntas y estiradas, agarramos los pies y llevamos el tronco hacia las piernas.

√ Mantener la postura 15-20 segundos.

ABDUCTORES

Cuando estiramos los músculos abductores, sentimos un ligero dolor, que significa que estamos realizando el ejercicio correctamente.

01 TUMBADO CON LAS PIERNAS FLEXIONADAS Y ABIERTAS

Nos tumbamos boca arriba, flexionamos las rodillas y las abrimos manteniendo las plantas de los pies juntas. Colocaremos las manos sobre las rodillas y ejerceremos presión hacia abajo.

√ Mantener la postura 15-20 segundos.

Estiramiento máximo del abductor. Para lograrlo ejercemos la presión encima de las rodillas.

02 FLEXIÓN LATERAL DE PIERNAS

Con las piernas separadas y simétricamente flexionadas, llevamos el peso del cuerpo hacia un lado doblando una rodilla, pero controlando que la tibia no pase de la vertical.

√ Mantener la postura 15-20 segundos.

Transición a la postura para trabajar el estiramiento del abductor.

03 TUMBADO CON APERTURA DE PIERNAS ESTIRADAS

Tumbados boca arriba con las piernas estiradas, las abrimos colocando las manos por el interior, manteniéndolas abiertas y ejerciendo presión hacia abajo.

√ Mantener la postura 15-20 segundos.

Iniciaremos el ejercicio partiendo desde arriba con las piernas estiradas.

04 SENTADO CON LAS PIERNAS ABIERTAS

Piernas abiertas y estiradas, los brazos hacia delante con la palma de la mano en el suelo y con los dedos avanzando poco a poco. No debemos bajar la cabeza para no crear tensión en el cuello.

√ Mantener la postura 15-20 segundos.

Mantener la punta de los pies hacia arriba y apoyar toda la parte posterior de la pierna.

05 SENTADO CON LAS PIERNAS ABIERTAS (variante)

En la misma postura que en el ejercicio anterior, llevamos las dos manos hacia una pierna manteniendo el pecho paralelo al muslo.

√ Mantener la postura 15-20 segundos.

La elasticidad de las dos piernas no suele ser la misma.

GLÚTEOS

Con el estiramiento de los glúteos evitamos cargar en exceso dicha zona y provocar tensión en el nervio ciático.

01 TUMBADO CON LAS RODILLAS FLEXIONADAS HACIA EL PECHO

Nos tumbamos y colocamos el pie encima del muslo contrario, agarramos la otra pierna por detrás de la rodilla y la llevamos hacia el pecho manteniendo la presión arriba.

√ Mantener la postura 15-20 segundos.

Primero se coloca un pie encima del muslo. Es muy importante durante el estiramiento no elevar la cadera ni la cabeza. Si estamos muy forzados, colocamos un cojín debajo de la cabeza.

02 SENTADO CON LAS RODILLAS AL PECHO (variante 1)

Sentados, con los brazos estirados por detrás, manteniendo la vertical de la espalda, y las rodillas lo más próximas al pecho, para que el estiramiento sea mayor.

√ Mantener la postura 15-20 segundos.

Con un pie encima de la pierna contraria, la flexionamos y la levantamos hacia el pecho.

03 SENTADO SOBRE UN BALÓN Y FLEXIÓN DE RODILLAS AL PECHO (variantes 2 y 3)

Aquí hay dos variantes de los ejercicios anteriores. La primera es algo más incómoda, pero no por ello menos práctica.

√ Mantener la postura 15-20 segundos.

La ejecutaremos sobre el balón. Bajaremos el pecho hacia la pierna flexionada para sentir mejor el estiramiento del glúteo.

De pie, colocamos un tobillo encima del muslo contrario y vamos doblando la pierna. No flexionamos la cadera hacia atrás, manteniendo la tibia en vertical. Cuando estamos abajo, llevamos el cuerpo hacia delante.

04 SENTADO CON GIRO DE TRONCO

Con este ejercicio realizamos dos estiramientos simultáneos: la cadera y el costado. Nos sentamos con una pierna estirada y la otra flexionada por encima de la rodilla contraria y apoyando el pie en el suelo; el brazo contrario a la pierna flexionada lo pasamos por fuera y giramos el cuerpo hacia atrás.

√ Mantener la postura 15-20 segundos.

Giro del tronco hacia atrás empujando con el brazo en sentido inverso.

GEMELOS Y SÓLEO

El estiramiento de los gemelos evita que se agarroten en exceso tras realizar un ejercicio fuerte.

01 ESTIRAMIENTO SOBRE ESCALÓN

Sacaremos medio pie del escalón manteniendo el cuerpo vertical para que el peso se centre bien sobre la pierna que vamos a estirar, mientras la contraria mantiene la rodilla flexionada.

√ Mantener la postura 15-20 segundos.

02 ESTIRAMIENTO ANTEROPOSTERIOR

Piernas abiertas anteroposteriores flexionando la pierna delantera y estirando la de atrás.

√ Mantener la postura 15-20 segundos.

CONSEJO...

Separamos ambas piernas hasta que sintamos que el talón está a punto de levantarse.

Un error muy común en este estiramiento es tener el pie de atrás girado 45°. De esta forma el estiramiento pierde toda su efectividad.

03 SÓLEO

Este músculo, menos conocido que el gemelo, participa siempre conjuntamente con él y tiene un estiramiento específico. Para poder localizarlo, basta con acortar a la mitad el paso del ejercicio anterior.

√ Mantener la postura 15-20 segundos.

Es muy importante que hagamos la bajada en vertical para que sintamos el estiramiento del sóleo.

04 ESTIRAMIENTO DEL TIBIAL

Este músculo actúa junto al gemelo. Está situado en la parte frontal de la tibia y es el antagonista del gemelo. Para los corredores y patinadores viene muy bien estirar este músculo.

√ Mantener la postura 15-20 segundos.

Colocamos una pierna de rodillas y la otra estirada delante, apoyando la planta del pie en el suelo. El peso del cuerpo debe estar sobre la pierna delantera. Evitamos sentarnos encima de la pierna de atrás.

Belleza y
salud

Podemos decir que una gran parte de la población padece algún tipo de problema muscular, articular, escoliosis o cifosis. A veces la recuperación no es fácil; si se trata de un problema de huesos, quizás no podamos solucionarlo, como en el caso de la escoliosis lumbar, dorsal o cervical, pero sí podemos evitar que vaya a más. Veremos a continuación una serie de ejercicios que nos pueden servir para corregir y tener la postura corporal adecuada, además de ser el complemento perfecto a los ejercicios de piernas y glúteos.

EJERCICIOS PARA LA ESPALDA

La espalda soporta un gran peso, por eso mantenerla en una postura correcta se verá reflejado de forma positiva en el resto del cuerpo.

01 ESTIRAMIENTO DE LA ESPALDA
Este ejercicio sirve para descargar la tensión de toda la espalda.

√ 3 series de entre 20 y 30 repeticiones.

De rodillas con los brazos estirados en posición de gato hacemos una inspiración profunda.

Mediante una espiración prolongada, contraemos el abdomen y el pecho, arqueando la espalda.

02 DE RODILLAS CON BRAZO Y PIERNA EXTENDIDOS

Este ejercicio está muy indicado para fortalecer la zona lumbar.

√ 3 series de entre 20 y 30 repeticiones.

Nos colocamos sobre cuatro puntos de apoyo: las rodillas y las manos. Antes de realizar el movimiento hacemos una inspiración.

Al tiempo que realizamos la espiración, vamos estirando en horizontal un brazo y su pierna contraria. Aguantaremos en esta posición un par de segundos.

03 TUMBADO CON BRAZO Y PIERNA EXTENDIDOS

Podemos decir que este ejercicio es una variante del anterior, aunque en este caso no perdemos el equilibrio, como pudiera ocurrir en la secuencia de trabajo de rodillas. Nos tumbamos boca abajo en el suelo, con los brazos y las piernas estiradas.

√ 3 series de entre 20 y 30 repeticiones.

04 SENTADO CON FLEXIÓN FRONTAL DE CINTURA

Este ejercicio resulta muy recomendable para la rehabilitación de la zona lumbar y abdominal. El resultado no será el mismo que una sesión de abdominales o de lumbares, pero podremos ejercitar la espalda y seguir activos.

√ 3 series de entre 20 y 30 repeticiones.

Nos colocamos sentados en una silla con la espalda recta. Ponemos las manos encima de las rodillas y las piernas juntas.

Realizamos un movimiento deslizante hacia los pies. Sin forzar, volvemos a la posición de inicio elevando la espalda muy lentamente.

05 DE RODILLAS CON FLEXIÓN FRONTAL DIAGONAL

Este ejercicio activa la zona media de la espalda y está muy indicado para problemas de escoliosis lumbar.

√ 3 series de entre 20 y 30 repeticiones.

El brazo contrario a la pierna que tenemos arriba debe estar flexionado en ángulo, mientras que la mano contraria se apoya en el muslo.

Con el codo contrario bajamos despacio en diagonal hacia el tobillo, haciendo trabajar el músculo oblicuo.

06 DE RODILLAS CON GIRO DE TRONCO ATRÁS

Es otra variante del ejercicio anterior, con movimiento hacia atrás. Resulta muy recomendado para mejorar los problemas de escoliosis lumbar.

√ 3 series de entre 20 y 30 repeticiones.

Mantenemos una rodilla pegada al suelo y la otra elevada. Los brazos se colocan en cruz para efectuar el giro del tronco.

Hacemos un giro del tronco por el lado de la pierna que tenemos arriba. El brazo contrario sigue manteniendo la línea en cruz, y al girar se eleva.

07 DE PIE CON FLEXIÓN FRONTAL DIAGONAL

Al contrario del ejercicio anterior, bajamos hacia delante trabajando el músculo oblicuo y la zona lumbar.

√ 3 series de entre 20 y 30 repeticiones.

De pie, con las piernas separadas y las rodillas flexionadas, colocamos los brazos abiertos en cruz.

Bajamos con un brazo al pie contrario e intentamos tocarlo. Nos inclinamos sin forzar hasta donde nos lo permita nuestra flexibilidad. El brazo contrario quedará arriba, en línea con el que hemos bajado.

08 TUMBADO CON LAS PIERNAS GIRADAS

Es un ejercicio muy recomendado para la zona baja de la espalda, es decir zona lumbar, y para quienes padecen hernia discal.

√ 3 series de entre 20 y 30 repeticiones.

Boca arriba abrimos los brazos en cruz y flexionamos las rodillas, las cuales colocamos con los pies elevados o apoyados en el suelo.

Controlando el peso de las piernas, las dejamos caer lentamente a un lado, volvemos a subirlas y luego las llevamos al otro lado.

EJERCICIOS PARA LAS CERVICALES

Ahora explicamos algunos ejercicios para la zona cervical, bien sea como tonificación específica, por debilidad muscular, corrección de malas posturas o por problemas de escoliosis y cifosis.

01 ELEVACIÓN DE LOS BRAZOS EN CRUZ TUMBADO BOCA ABAJO

Existen dos formas de realizar este ejercicio: una será sin peso y la otra con una mancuerna, a ser posible de pocos kilos. En ambos casos lo realizaremos con movimientos muy controlados.

√ 3 series de entre 20 y 30 repeticiones.

CONSEJO...

Tumbados boca abajo con los brazos abiertos en cruz y la barbilla pegada en el suelo.

Si realizamos el ejercicio con mancuernas, reduciremos las repeticiones a 12.

Elevamos los brazos en vertical sin llevarlos hacia atrás. No despegamos la barbilla del suelo porque de esta forma trabajarán el trapecio y el deltoides posterior.

02 TUMBADO BOCA ABAJO CON FLEXIÓN DE BRAZOS

Este ejercicio es algo más duro que el anterior y nos permite trabajar el deltoides y el trapecio. Está muy recomendado para la escoliosis cervical. Este movimiento de flexión de brazos nos ayudará a tonificar la zona cervical y liberarla de tensiones.

√ 3 series de entre 20 y 30 repeticiones.

Tumbados boca abajo con los brazos extendidos al frente y paralelos, y la cabeza ligeramente elevada. Notaremos una pequeña tensión sobre la espalda al . soportar el peso de los brazos.

CONSEJO...

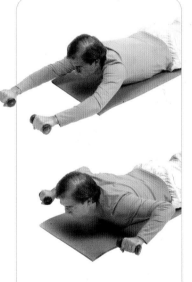

Flexionamos los dos brazos llevando los codos hacia el costado y manteniendo la cabeza elevada.

Como en el ejercicio anterior, si realizamos el ejercicio con mancuernas, reduciremos las repeticiones a 12.

03 TUMBADO BOCA ABAJO CON ELEVACIÓN DE LOS BRAZOS PEGADOS AL CUERPO

Seguimos con otro ejercicio muy útil para el fortalecimiento de las cervicales. En este caso involucramos al deltoides posterior y al trapecio.

√ 3 series de entre 20 y 30 repeticiones.

Seguimos tumbados boca abajo con los brazos pegados al cuerpo y las palmas de las manos hacia abajo. La barbilla se mantiene pegada al suelo.

Realizamos la elevación de los brazos, siempre pegados al costado, con las palmas de las manos hacia abajo. El movimiento ha de hacerse muy suave.

CONSEJO...

Si usamos mancuernas, haremos un movimiento suave.

04 ELEVACIÓN DE LA CABEZA

Realizaremos elevaciones de la cabeza. El propio peso de la cabeza al elevarla sirve para potenciar los músculos esternocleidomastoideo y el trapecio superior.

√ 3 series de entre 20 y 30 repeticiones.

Nos tumbamos boca arriba, flexionando las piernas para que la zona lumbar esté bien apoyada. Dejamos los brazos estirados junto al cuerpo.

Hacemos una elevación de la cabeza sin forzar la zona cervical. Podemos aguantar un par de segundos arriba. Es aconsejable efectuarlo muy despacio.

05 GIROS DE CABEZA

Este ejercicio puede completar el anterior como una serie, después de hacer un pequeño descanso entre ambos.

√ 3 series de entre 20 y 30 repeticiones.

Tumbados boca arriba, con la cabeza un poco elevada.

Giramos la cabeza mirando a un lado, al frente y al otro lado, siempre manteniendo la tensión con la cabeza elevada.

EJERCICIOS PARA LA ZONA MEDIA O ABDOMINALES

En la elevación media del tronco trabajaremos el recto mayor del abdomen. Los ejercicios serán los indicados para una recuperación postoperatoria o por si existe alguna hernia discal y no se puede, o no se debe, trabajar muy forzado.

01 ELEVACIÓN MEDIA DEL TRONCO
Tumbados boca arriba, doblamos las rodillas y apoyamos los pies en el suelo.

Tumbados con las piernas flexionadas y separadas entre sí colocamos los brazos extendidos hacia arriba, con la zona lumbar bien apoyada en el suelo.

Llevamos los brazos extendidos hacia las rodillas y elevamos la parte superior de la espalda.

02 ELEVACIÓN DE PIERNAS
Vamos a trabajar la parte inferior del abdomen: el psoas ilíaco y el recto mayor del abdomen.

Tumbados, con las rodillas flexionadas y los pies en el suelo.

Elevación de las piernas hacia el pecho. Al bajar, evitamos tocar el suelo para mantener una tensión constante en el abdomen.

Consejos útiles
posturales

Veamos a continuación cómo deberíamos hacer ciertos movimientos en nuestra vida cotidiana de la manera más correcta para evitar dolores y molestias innecesarias.

01 CÓMO ELEVAR OBJETOS DEL SUELO

Constantemente nos estamos agachando para recoger cualquier objeto del suelo, en casa, en el trabajo, etc. Más de una persona se ha quedado bloqueada al intentar subir una caja y le ha producido ciática, hernia discal o tirón en el isquiotibial.

Movimiento correcto. Al flexionar las piernas para elevar el objeto, centramos todo el esfuerzo en el cuádriceps y los brazos, manteniendo el objeto en nuestro centro de gravedad.

CONSEJO...

El error está en que al bajar de esta manera para levantar el objeto, la espalda es la que está sufriendo toda la carga.

02 CÓMO SENTARNOS ANTE EL ORDENADOR

Ya hemos mencionado en alguna ocasión que uno de los grandes problemas de la tensión que se genera en el cuello son las malas posturas a la hora de sentarse a trabajar delante de un ordenador.

Postura incorrecta

Postura correcta

03 CÓMO SENTARNOS CORRECTAMENTE

Otra de las grandes cuestiones para nuestra espalda es cómo sentarnos correctamente. Se puede colocar una almohada en la zona lumbar para que así la espalda descanse mejor y no esté dolorida.

Postura incorrecta

Postura correcta y cómoda

04 CÓMO TUMBARNOS BIEN

Una vez que nos acostemos colocamos debajo de las corvas una almohada o una toalla grande enrollada para que la zona lumbar se apoye completamente. Otra buena postura es la posición fetal, ya que así la espalda también permanece recta.

Almohada bajo las piernas

Posición fetal

05 CÓMO LEVANTARNOS DEL SUELO

Una de las causas más frecuentes del tirón en la espalda o las temidas hernias discales es la mala costumbre de levantarnos con el cuerpo hacia delante sin tener un punto de apoyo, curvando y cargando la espalda.

Secuencia correcta de cómo nos deberíamos levantar del suelo:

1. Tumbados en el suelo.

2. Giramos el tronco apoyando una mano en el suelo.

3. Nos sentamos.

4. Colocamos una mano sobre la rodilla elevada.

5. Nos colocamos de pie.

Apéndice: ¿Para qué sirve cada ejercicio?

En la siguiente tabla se han incluido todos los ejercicios de la sesión práctica y la partes del cuerpo que se trabajan con ellos para que de un vistazo cada uno pueda decidir qué ejercicios le conviene más realizar.

Músculo	Ejercicio	Zona que trabaja
Abductores	Squat con piernas separadas	Parte interna de las piernas
	Abducción lateral en suelo	Parte interna y externa de las piernas
	Abducción con lastres	Parte interna y externa de las piernas con mucha intensidad
	Variación de la abducción	Parte interna y externa de las piernas con mucha intensidad
	Flexión de rodilla lateral	Parte interna de las piernas
	Abducción con resistencia	Parte interna de las piernas con mucha intensidad
Bíceps femoral	Peso muerto	Músculos de brazos, piernas y espalda
	Flexión de piernas o curl tumbado	Glúteos y zonas posterior de muslos
	Flexión de piernas o curl con resistencia	Glúteos y zonas posterior de muslos
Cuádriceps	Squat	Zona delantera del muslo y glúteo
	Squat con barra	Zona delantera del muslo y glúteo con intensidad
	Lunges	Zona delantera del muslo y glúteo
	Lunges con mancuernas	Zona delantera del muslo y glúteo con mucha intensidad
	Lunges con barra	Zona delantera del muslo y glúteo con mucha intensidad manteniendo el equilibrio
	Isométrico de cuádriceps	Zona delantera del muslo, el glúteo y el gemelo
	Tumbado con extensión de una pierna	Muslos y glúteos
	Tumbado con extensión de las dos piernas	Muslos, glúteos y abductores
	Sentado con extensión de piernas	Zona delantera del muslo y glúteo

Músculo	Ejercicio	Zona que trabaja
CUÁDRICEPS	Tumbado con extensión de piernas	Zona delantera del muslo y glúteo con mucha intensidad
GEMELOS	Elevación de talones	Zona trasera de parte inferior de las piernas
	Elevación del talón de una pierna	Zona trasera de parte inferior de las piernas con mucha intensidad
	Elevación de talones sentado	Zona trasera de parte inferior de las piernas y parte delantera de los muslos
GLÚTEOS	Lunges	Glúteos y zona interna de los muslos
	Elevación lateral de la pierna de pie	Glúteo medio y glúteo menor
	Elevación lateral con lastres	Glúteo medio y glúteo menor con mayor intensidad
	Elevación trasera de la pierna de pie	Glúteo mayor, isquiotibiales y abdomen
	Flexión de las rodillas de pie	Glúteos y cuádriceps
	Elevación lateral de rodillas	Glúteos y cuádriceps
	Elevación pierna trasera de rodillas	Isquiotibiales y glúteo mayor
	Patada trasera en posición de rodillas	Glúteos
	Patada trasera concentrada en posición de rodillas	Glúteos y parte trasera de los muslos
	Abducción lateral de la pierna en el suelo	Glúteos, parte externa e interna de los muslos
	Flexión de rodilla al pecho	Glúteos, abductor y abdomen
	Giros de pierna	Glúteos y muslos
	Abducción lateral de la pierna	Glúteos y muslos
	Abducción de cadera en el suelo con piernas flexionadas	Glúteos y muslos
	Abducción con las piernas en ángulo	Glúteos y muslos
	Flexión de rodilla al pecho con las piernas en ángulo	Glúteos y muslos
	Rotación de la cadera con las piernas en ángulo	Glúteos, muslos y abdomen
	Rotación de la cadera con las piernas flexionadas	Glúteos, muslos y abdomen
	Tumbado boca abajo, elevación trasera de la pierna	Glúteos y parte trasera de los muslos